《枪炮、病菌与钢铁》

拓 展 问 题

1. 针对"亚力的问题",另外几种常见的解答是什么呢?对此,贾雷德·戴蒙德是如何分析并反驳的?
2. 戴蒙德为什么认为新几内亚人总体上会比西方人"更聪明"?
3. 为什么区分近因和终极因十分重要?
4. 你是否发现戴蒙德的某些方法论比其他方法论更胜一筹?有哪些以及为什么?
5. 各章排序有何重要意义?例如,为什么作者将"卡哈马卡的冲突"(这一章描述的事件发生在后面几章所描述事件的数千年之后)放在此处?
6. 为什么说波利尼西亚群岛是"历史的自然实验"?戴蒙德从其历史中得到了什么结论?
7. 对于我们所认为的狩猎-采集文明向农耕文明的转变方式,戴蒙德是如何给出不同解释的?
8. 为什么说农耕文明是一种自动催化进程?这如何解释社会中的巨大差异,以及平行进化的可能性?
9. 事实证明,杏仁可驯化而橡实不可驯化,这是为什么?其意义是什么?
10. 美洲的苹果和葡萄是可驯化的,但直到欧洲人到来,它们才被驯化。对此,戴蒙德是如何解释的呢?
11. 肥沃新月地带具有什么优势,得以最早发展出大多数文明的构成要素?尽管如此,最后将自己的文化传播到世界各地的是欧洲而不是西南亚。对于这一结果，戴蒙德是如何解释的呢？
12. 有观点认为，某些动物没能被驯化的原因是文化差异。戴蒙德是如何反驳这一观点的呢？近代驯化失败的例子，比如大角斑羚的驯化失败，说明了什么？是什么原因造成有的族群能够独立驯养家畜，而有的族群做不到呢？
13. "安娜·卡列尼娜原则"具有什么重要意义？
14. 突变比较如何帮助人们了解农业传播轨迹？
15. 文明是怎样带来流行病的？
16. 戴蒙德关于发明实际上是需求之母的理论，对传统的"英雄式"发明模式有何影响？
17. 根据戴蒙德的观点，宗教是如何随着日益复杂的社会而不断演化的？
18. 作者是如何用语言学证据得出有关中国、东南亚、太平洋及非洲等地族群分布的结论的？
19. 南岛语族在印度尼西亚和新几内亚的扩张带来了不同的后果，这具有怎样的意义？
20. 中国的统一引人注目，而欧洲一直没实现过统一。对此，戴蒙德是如何解释的？这些情况对世界历史有何影响？
21. 有反对的观点认为人类社会的不同命运是由人而非环境造成的，戴蒙德是如何反驳这种观点的？世界上还有什么地方可以佐证戴蒙德的论点？
22. 戴蒙德的证据有哪些方面是非专业读者可以无条件信服的？有哪些方面得到了解释？
23. 戴蒙德以钦布和达力比这两个部落为例，说明对创新的不同接受能力。你认为他会接受整个大陆在接受能力上的更大差异吗？你的理由是什么？文化因素对戴蒙德的论点有多大的影响？
24. 在整本书中，当戴蒙德提出一门人类历史科学时，他是如何解决他在后记的最后几页中所讨论的问题的？

专家推荐

这本书我到处推荐。戴蒙德从两河农业文明滥觞说起,一直说到当今,但那不是说书人侃大山啊,他所据的事实,无论来自地理学、人类学还是历史学,扎扎实实,当然,更精彩的是他对这些关键事实的思考,眼光宏大而又落点准确。文笔流畅,让人不忍释卷。当年,好多人反对宏大叙事,其实,宏大叙事有它不可取代的位置,尤其是对我们普通读者来说,很难被过于细密的论述吸引。最近 20 年,兴起所谓"大历史",出版了很多类似的宏大叙事,良莠不齐,我脑海中最好的一部,还是我最早读到的这部"大历史"。

陈嘉映
首都师范大学哲学系特聘教授

这本书是一位优秀的生物学家对人类历史发展规律所做出的分析。书中具有不少洞见。如果以 1.3 万年为跨度,同时不考虑大多数社会科学家所关心的欧亚大陆(以及北非)内部历史差异性发展的原因,而仅解释是什么造成了欧亚大陆(以及北非)与美洲、大洋洲和撒哈拉以南非洲之间在文明发展形态上的巨大差异,戴蒙德给出了一个能令人信服的回答。大量洞见穿插其间,读起来引人入胜。

赵鼎新
浙江大学社会学系教授、
芝加哥大学社会学系麦克斯·派里维斯基荣休讲席教授

为什么是西班牙殖民主义者征服了南美洲的印加帝国，而不是印加帝国的印第安武士征服了西班牙王国？为什么是白种人首先制造出各种现代器具，而不是其他种族？这些问题的"近因"可以从15世纪以后欧洲文明的一系列经济、政治和文化变革中得到答案，但是其"远因"要复杂得多。贾雷德·戴蒙德的名著《枪炮、病菌与钢铁》从地理环境差异这一独特视角出发，分析了世界不同地区从原始狩猎-采集模式到农业-牧业模式的迥异的转化进程，最终引出了上述问题的答案。

赵林

武汉大学哲学教授

戴蒙德此书给了我们审视人类历史大画卷的一个崭新视角。农业民族和狩猎-采集民族之间的一些重大差异被最终归因于地理环境，这不仅有力地冲击了西方中心论这种阴魂难散的种族主义谬说，同时也说明了跨学科史学研究的大有可为，所以很值得史学工作者和历史爱好者的关注。

高毅

北京大学历史学系教授

在《枪炮、病菌与钢铁》出版之后的20多年中，我不断向中国读者推荐这本书。它一直都是我向清华大学经管学院本科新生推荐的十本书之一，虽然书单每年都有变化。戴蒙德是生理学家，他的这本书针对当今人类共同关注的经济社会问题，从地理和自然环境出发，探讨人类文明的演化历史，追问人类社会命运的本质。这本书是自然科学、社会科学、人文学科跨界研究的杰作。不仅我自己从中受益匪浅，我也知道这本书对经济学家思考经济发展的长期问题很有启发，对经济学相关领域的研究很有影响。

钱颖一
清华大学文科资深教授、经济管理学院教授

《枪炮、病菌与钢铁》的作者戴蒙德融汇了跨学科的知识背景，从尝试回答一个有关文明滥觞的疑惑开始，将以"枪炮""病菌""钢铁"为代表因子的旧大陆，与被现代文明遗忘的新大陆间的冲突，生动地描述出来，从历史地理和生态资源环境的独特视角开辟了人类大历史的叙事先河。

俞敏洪
新东方教育集团董事长

《枪炮、病菌与钢铁》是一本极具新意的历史通俗读物，它从全新的视角诠释了文明发现的规律。简而言之，文明的成就不是完全由个别人、个别民族的智慧或意志创造出来，而是由地理环境与各种机会相互作用、层层叠叠的结果。这本书驳斥了欧亚霸权是由于欧亚民族的智力水平和道德水准高的观点，作者认为不同民族在技术上的差异不能说明种族上的差异，只是一些民族获得了更好的机会而已。阅读这本书可以让我们更好地理解全球化的必要性，同时以更好的心态对待全世界的各种不同的文化。

吴军
文津奖得主、风险投资人

这应该是过去 20 多年来在全球范围内影响最大的一部全球史以及环境史著作了。正如任何一部里程碑式的作品，它当然也在学术界内触发了不少争议，可它却是今天任何相关学科都不能轻易绕开的界碑。更难得的是，其流畅叙事、新奇观点，以及广博材料，不只风靡大量非专业读者，还能刷新他们对于世界的认知。

梁文道
传媒人

戴蒙德是我最喜欢的作家之一。早在多年前，他的《枪炮、病菌与钢铁》和《为什么有的国家富裕，有的国家贫穷》就曾经让我有焕然一新的认知。今年我又在《崩溃》中学到新的思路和理念。戴蒙德教授总是目光高远、心怀人类文明数万年，古今东西各个文明他都能理解到很深的程度，也有贯通始终的分析框架。这样的作者，是每个爱思考的读者的福音。

郝景芳
雨果奖得主、童行书院创始人

环境介导的人类社会变迁

吴家睿

中国科学院生物化学与细胞生物学研究所研究员

《枪炮、病菌与钢铁》讨论的是众人关心的一个宏大命题：人类社会之演化。作者在这本 600 多页的书中分析了地球五大洲不同的人类社会过去 1.3 万年的历史。该书在 1997 年发表时就引起轰动，迅即于次年获美国普利策奖和英国科普图书奖。那么，这本书的主要结论是什么，应该是"各族群的历史循着不同的轨迹开展，那是环境而非生物差异造成的"。下面我们就沿着这个主要结论看一看作者的思考路径和推理过程。

环境决定论的升级版

戴蒙德攻读的是生理学博士学位，随后 30 多年主要从事鸟类演化研究。这样的学术背景使得他容易从生物学角度看世界，"因此，我涉足演化生物学的经验对我研究亚力的问题帮助很大"。"亚力的问题"是作者借一位新几内亚政治家亚力之口提出来的：欧洲白人社会与非洲黑人社会的发展轨迹为什么会有如此之大的差别？这正是该书最关注的问题，而且整本书就是要解答这个问题。

演化生物学的主流是达尔文进化论，其基本规律是"物竞天择，适者生存"。戴蒙德博士显然是基于这个理论来看待人类社会的变迁的。

戴蒙德博士认为，白人也好，黑人也好，不同人种之间并没有什么体质和智力上的根本差别。他甚至认为，"那些仍在'石器时代'生活的族群，智力非但不比工业社会里的人逊色，或许反倒更胜一筹"。因此，在生物学方面"人人平等"的前提下，不同社会发展的差别和演化的动力就被归结为环境了："各大洲上的族群，有截然不同的大历史，原因不在人，而在环境。"

戴蒙德博士在书中把驱动人类历史演化的环境差异总结为四类。第一类是自然资源方面的差异，主要指环境中可以作为食物的可供驯化的动植物资源。食物越多，能够供养的人口就越多。戴蒙德博士由此还提出了一个独特的观点：稠密的人口有利于病菌的演化，进而使这类人群对病菌更有抵抗力。因此，欧洲与非洲相比，在自然资源方面占据了明显的优势，进而导致了人口数量增加和人群生理性质的改变。第二类是气候和生态环境方面的差异，主要是指影响农业传播的自然条件。由于欧亚大陆在气候和生态环境方面没有明显的差异，因此食物生产在欧亚大陆上的传播最迅速，而非洲和美洲这两块大陆的生态障碍不利于农作物的传播。这种特点使得欧亚社会形态能够产生迅速的演变，从狩猎-采集社会演进至农业社会。第三类是影响技术洲际传播的地理差异。欧亚大陆的主要轴线是东西向，没有显著的地理与生态障碍，与外界沟通较为容易，这使许多发明可以从欧亚大陆上的一个点迅速传播到同一纬度的另一个点；非洲和美洲的主要轴线是南北向，其地理与生态障碍使得其与外界的沟通比较困难，导致技术发明难以在非洲和美洲流通。第四类是各大洲在面积或人口总数上的差异。面积越大、人口总数越多的洲，就有可能出现更多的发明家，导致更大的竞争和新发明的压力。欧洲大陆的枪炮和钢铁显然就是由这样的技术创新压力而来的。

戴蒙德博士对环境与社会关系的认识在一定意义上属于"环境决定论"的观点。"环境决定论"最初由德国地理学家拉采尔在19世纪末发表的著作《人类地理学》中提出。该观点认为，人是地理环境的产物，其活动和发展受到地理环境的支配，而位置、空间和界线是支配人类分布和迁移的三个主要地理因素。戴蒙德博士对"环境决定论"有着明确的认识："环境地理和生物地理影响社会的发展，这当然不是新观念。然而今天的历史学家却嗤之以鼻：有的认为它不是错了就是简化了实况；有的觉得它同环境决定论无异，不予相信；有的干脆把解释全球族群差异当成无解的难题，束之高阁。但是，地理的确会影响历史，问题在于影响的程度如何，以及地理是否可以解释历史的普遍模式。"作者认为，随着遗传学、分子生物学和流行病学等各门新学科的出现与发展，"以新的观点解答这些问题的时机已经成熟了"。

人类社会演化的单向因果链

戴蒙德博士在该书"开场白"中的第一段话是这样写的："这些差异是世界历史中最基本的事实，但出现差异的原因不明朗，且有争议。"因此，作者写这本书的主要目的是要寻求人类社会演化的因果关系。在作者看来，历史研究中的因果关系可以分为两类：近因和终级因。近因是指与历史事件直接关联的因素，而终级因则是指影响或决定世界大历史的模式，"历史科学研究的是近因与终极因的因果过程"。作者在书中对近因给予了充分的分析和讨论。"我们对近因已有腹案：有些族群着了先鞭，发展出枪炮、病菌、钢铁，以及其他增进政治、经济力量的条件；有些族群什么名堂都没搞出来"。重要的是，作者更为关注终极因，"找出近因后，自然引出终极因的问题：为什么枪炮、病菌、钢铁站在欧洲人这一边，而不是非洲土著或美洲土著那一边"，"分析近因是本书比较容易的部分，困难的是找出终极因。哪些终极因导向了近因并带来了这样的结果"。

戴蒙德博士在图 4.1 中绘出了造成欧洲文明社会与非洲文明社会发展和变迁路径差异的因果链示意图，即地理条件（如大陆轴线的方向）和生态因素（如容易被驯养的野生动植物的数量）是造成历史差异的终极因。这些环境"终极因"导致了这两个大陆食物生产的差异，食物生产差异的"次终极因"则造成人口数量和密度的差异，人口差异进而成为导致两个大陆在病菌演化、技术发明和社会结构等方面产生差异的近因，其最终结果就是欧洲人通过枪炮、病菌与钢铁征服了非洲大陆。作者是这样强调的："非洲与欧洲的历史发展不同，终极因是两大洲的族群继承的不动产不同。"

虽然戴蒙德博士在书中把环境因素视为历史发展的终极因,但他也认识到环境因素不可能是唯一的。他在该书的"开场白"中写道:"本书充其量是指出了几组环境因素,在一定程度上解答了亚力的问题。然而,找出那些因素,更凸显出我们没有把握的部分,若要厘清,还有待未来的努力。"在这些难以把握的因素中,作者特别指出了与环境无关的文化因素:"这些例子都在围绕文化特异性的问题,所涉及的范围也很广,那些文化上的特异之处与环境无关,刚发展出来的时候似乎无足轻重,却可能演化成影响深远、屹立不摇的文化特征。文化特异性的意义,是我们目前还无法作答的重要问题。"

让戴蒙德博士难以回答的问题(文化在人类文明演化中扮演何种角色)在中信出版集团2018年出版的一本译著《人类成功统治地球的秘密——文化如何驱动人类进化并使我们更聪明》中正好有着系统和深入的讨论。哈佛大学人类进化生物学系教授约瑟夫·亨里奇认为人类是"文化物种",他在该书中这样写道,"不同于其他物种——人类已经形成了一种文化并沉溺其中",因此,"一旦这些实用的技巧与经验经过数代人的传递得到积累和提升后,自然选择就会青睐那些更好的文化学习者"。

戴蒙德博士在该书的图4.1中把历史因果链描绘成"单向"的:从终级因"环境"导出"食物生产",进而导出枪炮、病菌与钢铁等近因,最终结果就是欧洲人征服了非洲。然而,亨里奇博士却在人类文明演化过程中发掘出了更为复杂的因果关系。首先,人体的生物学特性与文化之间有着紧密的相互作用,他称之为"文化-遗传的共同演进","这种文化学习能力也引起了整体文化知识的积累与形成的遗传演进之间的互动,并持续对我们的人体结构、生理机能与心理状态产生影响";此外,"文化通过衍生出各种社会规范改变了人类基因所处的环境"。更重要的是,享里奇博士在他的书中提出,"集体智慧"是人类文明演化的真正推手:"人类取得成功的秘密不在于个人智慧,而在于所在群体的集体智慧。集体智慧是综合了我们的文化与社会性质后共同形成的。"因此,在享里奇博士看来,"集体智慧的核心内容能够解释为什么相互往来更频繁的社会能够产生更先进的技术"。由此可见,各位读者在阅读过程中,要认识到戴蒙德博士那种基于环境终极因的单向历史演化观之局限性。

戴蒙德四部著作导读

江晓原

上海交通大学讲席教授、科学史与科学文化研究院首任院长

贾雷德·戴蒙德是美国加利福尼亚大学洛杉矶分校医学院生理学教授，美国艺术与科学院、美国国家科学院院士，被认为是当代研究人类社会与文明的思想家之一。此次中信出版集团一举推出他四部相互之间有内在联系的著作，非常有价值。以下是我对这四部著作的解读。从总体上来看，《枪炮、病菌与钢铁》最具思想深度和启发性，《崩溃》次之，另两部的启发意义虽或稍减，但也颇有可取之处。

《枪炮、病菌与钢铁》（1997 年）

戴蒙德在这本书的开头设置了一个"亚力的问题"，亚力是太平洋新几内亚岛的一位政治领袖，他的问题是："为什么是白人制造出这么多货物（指现代工业制品），再运来这里？为什么我们黑人没搞出过什么名堂？"戴蒙德写这本《枪炮、病菌与钢铁》，就是试图回答亚力的问题。

亚力实际上是在问：为何现代化（工业化）出现在欧洲而没有出现在新几内亚？这个问题与中国学术界比较熟悉的"韦伯之问"（为何中国、印度这样的东方社会没能在政治、经济、科学乃至艺术领域走上独立于西方之外的理性化道路）和"孔飞力之问"（为何中国没有发展出近代国家）实际上异曲同工。

在这类问题中，韦伯或孔飞力的西方中心立场是显而易见的：韦伯之问要成立，他所说的"理性化道路"只能理解为"西方化道路"；孔飞力之问要成立，他所说的"近代国家"也只能理解成"西方式国家"。对此我们不必过多纠结，反倒是亚力的问题，比较不容易产生这方面的歧义。

有人嘲笑这类问题为"就是问梨树上为何没结出苹果"，这虽然从形式上有力消解了这类问题的理论价值，但确实不如尝试正面回答这些问题更有建设性。

戴蒙德就试图从正面来回答这个问题——认真解释梨树上为何结不出苹果。

要正面回答亚力的问题，前人已经尝试过几种路径。

第一种是从人种上来论证，即亚力之问中提到的"白人"和"黑人"有何不同。但这个路径直接指向种族歧视，政治上严重不正确，如今在"白左"主导的美国大学中是绝对的禁区，戴蒙德当然不敢去涉足，他还驳斥了这样的理论路径。

第二种路径是"地理环境决定论"，这一路径堪称源远流长，也不存在政治不正确的问题,所以戴蒙德选择了这一路径。他说如果要他用一句话来交代《枪炮、病菌与钢铁》这本书的宗旨,那就是:"各族群的历史循着不同的轨迹开展,那是环境而非生物(按即人种)差异造成的。"

戴蒙德尝试对"地理环境决定论"给出更为精细的论证,他设立了关于地理环境的四条标准。

一是食物资源,包括可驯化的动物资源和可利用的植物资源。有了丰富的食物才能养活更多的人口,才能有人力从事觅食之外的工作,从而形成文化积累。

二是传播与迁徙的条件。有了传播与迁徙,文明才可能传播和交流。例如,欧亚大陆显然有利于传播和迁徙,而新几内亚作为太平洋中的岛屿,传播和迁徙的条件非常不利。

三是洲际传播的条件。欧亚大陆又独占优势,而美洲则比较差,澳大利亚就更差了(可以看成放大版的新几内亚)。

四是土地面积和人口。必须有足够大的土地面积和足够多的人口,文明才能高度发展。

从这四条标准来看,最有利于文明发生、发展的地区,毫无疑问,必定在欧亚大陆的某处。事实上,戴蒙德在欧亚大陆找到了两处这样的地方。

第一处是中东肥沃新月地带,大体上就是两河流域及其周边地区,也就是古称美索不达米亚、今伊拉克及其周边地区。根据现今已发现的证据,该地区确实是人类文明发达的最早地区。第二处则是中国,在戴蒙德眼中,中国是一个得天独厚的地区。

但是，问题接着就来了：肥沃新月地带和中国，都没有出现欧美的"现代国家"，这怎么解释呢？

戴蒙德对肥沃新月地带命运的解释是"虽然先驰得点，可是后继无力"："欧亚大陆西部地区几乎每一项重要的创新——驯化动植物、文字、冶金、轮子、国家等，都是在中东肥沃新月地带发明的"，而经过亚历山大东征和罗马帝国的征服之后，权力中心一再西移，肥沃新月地带最终只能为他人作嫁衣，自身却从此衰落了。

如果我们同意戴蒙德对肥沃新月地带命运的解释可以及格，那么他接下来最大的难题就是解释中国的命运了。戴蒙德知道，在1450年之前，"中国是世界的技术领袖"。

但到这里，戴蒙德似乎感觉"地理环境决定论"已经无能为力了，他转而求之于政治制度。他认为欧洲的分裂要优于中国的大一统，他找到的证据是：欧洲有几百位王公，所以哥伦布可以在几次碰壁后最终找到赞助人，赞助他去"发现"美洲；而大一统的中国只要政府一声令下，郑和庞大的舰队就全面停摆。所以，大一统的中国最终落后了，分裂的欧洲最终胜出了。

这里我们必须注意到《枪炮、病菌与钢铁》出版于1997年，完成于1996年，那时中国还没有成为世界工厂，否则亚力的问题就会换成"为什么是中国人制造出这么多货物，再运来这里"了。在1996年，戴蒙德不可能想象到今日中国的崛起规模，这是我们考察戴蒙德的分析论证时必须注意的一个重要历史局限。

事实上，到了今天，戴蒙德对中国文明命运的解释已经完全破产。郑和的舰队固然因政府一声令下而停摆，但是更加强大的舰队不是也可以因政府一声令下而再次走向深蓝吗？更不用说抗疫、高铁、北斗……这些大一统明显优于分裂的例子层出不穷。灾祸固然可能重现，但常识告诉我们，对于同一个人群，成功必然比灾祸更可能重现，因为比起重蹈覆辙，人们更愿意模仿成功。

但是，我们又应该反过来赞赏戴蒙德，因为他对中国文明命运解释的破产，恰恰从理论上挽救了他前面的"地理环境决定论"——现在，中国成了欧亚大陆上唯一"命中注定"要成功的土地。而在将来，如果人们还想用政治制度来解释欧洲和中国的命运，他们为什么不能得出"大一统优于分裂"的历史结论呢？

《崩溃》（2005 年）

在这本书中，戴蒙德的兴趣更多地转向了环境问题。这与《枪炮、病菌与钢铁》中的"地理环境决定论"也有着内在的联系。

现在我们已经进入"有限地球时代"，意思是说，地球上的资源是有限的，同时地球容忍污染的能力也是有限的。其实人类从一开始就处在有限地球时代，只是我们直到很晚的时候才明确意识到这一点。在此之前的很长时间里，地球上的资源、地球容忍污染的能力，似乎都已经被假想为无限的。即便我们在理性的层面没有否认其有限性，但这两个极限也被推到了无穷远处——在眼下就可以先当作无限来尽情榨取。因为那时地球上还有大片的处女地未被开垦，在已经有人类居住的土地上，低下的生产力造成的污染和今天相比还极为有限。但是，工业文明和现代科学技术一旦出现，就显示出惊人的加速度。以人类历史的大时间尺度来看，几乎是转瞬之间，那两个遥远的极限就猝不及防地来到了我们面前。

今天，许多人还想当然地将环境保护问题理解成一个科学技术问题，以为只要进一步发展治理污染的技术，就可以逐步解决问题。但事实上，今天的环境保护问题甚至几乎就不是科学技术问题。戴蒙德在《崩溃》的结尾处已经明确宣告："我们不需要新科技来解决问题！"他的理由是："虽然新科技或许有贡献，但我们已经有了解决问题的对策，'只需要'执行的政治魄力。"

《崩溃》全书正文分成4个部分。

第一部分《现代蒙大拿》，基本上只是一个引子，类似中国明清小说中的"楔子"。他在《枪炮、病菌与钢铁》中的"亚力的问题"基本上也是如此。

第二部分《古代社会》，首先考察了历史上几个社会的崩溃，包括复活节岛、皮特凯恩岛和亨德森岛、阿纳萨齐印第安人、玛雅人、维京人。一个基本的结论是：这些社会崩溃的主要原因就是环境恶化——主要是当地可利用的资源耗竭了。当时那些社会中自然没有今天的科学技术（否则可以开发利用更多的资源），也没有全球化（否则有可能从别处夺取资源），和今天的发达国家相比，它们维持其社会和生活方式的能力太弱，所以早早崩溃了。这一部分的最后一章（第九章）讨论了新几内亚、日本等案例。这从另一方面支持了前面7章的结论——"环境恶化导致社会崩溃"。这一结论对全书的观点来说是至关重要的一个环节。

第三部分《现代社会》，讨论了4个个案：卢旺达的种族屠杀、多米尼加与海地的对比、中国、澳大利亚。本书原版出版于 2005 年，所以书中依据的是中国 20 年前的情况和数据。戴蒙德在关于中国的那一章中花费了大量篇幅谈论中国的资源短缺和环境污染，时有危言耸听之嫌。至于他将中国称为"摇摆的巨人"，则是因为他认为中国几千年来一直有着中央集权的传统。这方面他的认识仍停留在 10 年前《枪炮、病菌与钢铁》中的状态。

第四部分《殷鉴》，重点论述为什么环保问题不是科学技术问题而是政治问题。戴蒙德知道：如果告诉发展中国家的民众，不要向往发达国家的生活水平，他们当然不能容忍；同样，你要发达国家的民众放弃如今的生活水平，他们当然也不能容忍。而让大家都过上"穷奢极欲"的生活，地球又不能容忍；这样一来，环境问题、资源问题、发展问题，自然就成为未来最大的政治问题了。

曾经乌黑发臭的泰晤士河后来又流水清清、游鱼可见了，这经常被说成是"污染治理"的成果，但问题是，如果只是通过产业转移，将污染的工厂从泰晤士河边搬迁到发展中国家的某一条河边，从整个地球的角度来看，污染还是同样的污染，这算什么"治理"？

不幸的是，发达国家的许多污染都是这样"治理"的。实际上经常发生的是，污染从发达国家转移到发展中国家，从发达地区转移到不发达地区。后者为了快速脱贫致富，还往往乐于接受这种转移。

由此我们就不难知道，环境污染问题，归根结底，是因为有一部分人抢先过上了穷奢极欲的生活。于是在这个问题上，解决的办法只能是各方利益的残酷博弈，谁手里的牌更大，谁出牌更精明，谁就更能趋利避害，这不就成为赤裸裸的政治了吗？

戴蒙德希望发达国家的人们能够认识到，即使你们现在还可以向发展中国家转移污染，但终究会有无法继续转移的那一天。要发达国家居民降低他们对地球环境的影响，在政治上不可能实现。即使发展中国家民众不反抗，地球承受污染的极限也很快就要到了。虽然戴蒙德将自己定位为"谨慎的乐观派"，但他下面的这段话还是充满了悲观气氛。

由于人类社会目前有竭泽而渔的倾向，不管用什么方式，在今日的孩童和年轻人的有生之年，世界的环境问题都必须解决。唯一的问题是：解决之道是我们心甘情愿选择的，还是在情非得已之下，不得不接受的残忍方式，像是战争、种族屠杀、饥荒、传染病和社会崩溃？

《昨日之前的世界》（2012年）

这本书可以视为一部关于新几内亚的文化人类学著作，因为作者在当地生活过很长时间，对当地社会进行了相当细致的观察和思考。

书中讨论了新几内亚当地社会的9个主题：社群、解决争端、养儿育女之道、如何对待老人、如何面对危险、宗教、语言及其多样性、有益健康的生活方式、疾病。

这种对当地社会文化的描述和讨论，原是欧洲学者的文化人类学著作中常见的，不过早期许多这样的描述和讨论，往往带有不同程度的西方中心视角和欧洲人傲慢的文化优越感。戴蒙德和他们不同的是，他将重点放在这本书的副书名上——"我们能从传统社会学到什么"。他认为新几内亚社会的传统和处事方式，有值得现代西方人借鉴之处。这样的观点，在今天欧美高校中无疑属于政治正确的范畴。

《剧变》（2019年）

这本书挑选了7个国家，从历史事件中讨论它们如何应对危机。这7个国家是芬兰、日本、智利、印度尼西亚、德国、澳大利亚、美国。

书中讨论的历史事件，大部分也是关心历史的读者耳熟能详的，不过戴蒙德着眼于"如何应对危机"来叙述这些事件，就为这些事件赋予了更多的意义。比如芬兰虽然在苏芬战争中让苏联付出了代价，但最终仍以对苏联妥协来为苏芬战争善后。又如日本以对外开放来应对1853年美国的"佩里叩关"，这一决定产生了深远的影响。再如关于智利的讨论，当然又会聚焦到阿连德政权的垮台和皮诺切特的军人统治，但戴蒙德对此的叙述居然让他的美国朋友感觉"这章内容是全书最可怕的部分"。

戴蒙德自述此书"采用叙述性写作风格"，在他的认识中，"这是历史学家传统的写作方式，最早可追溯至2 400多年前希罗多德和修昔底德将历史发展为一门学科时"。他也曾考虑过"定量研究"之类的方法，但后来放弃了，原因是样本太少（只有7个国家），"这个任务只能留到以后的项目中去完成了"，读者或许可以拭目以待。

贫困与富饶：追寻亚力之问

李宏图
复旦大学历史学系教授

1972 年，在新几内亚一个岛屿上，当地人亚力向正在那里研究鸟类进化的戴蒙德提出了这样一个问题："为什么是白人制造出这么多货物，再运来这里？为什么我们黑人没搞出过什么名堂？"这一看似简单的问题却将戴蒙德问蒙了，如何做出回答，促成了戴蒙德这本书的写作和出版，而这却花费了他 20 余年的时间。

对这一问题的回答，激发和促使戴蒙德从研究自然演化转向了对人类历史演进的考察，借助他自身对自然科学的造诣，吸收法国"年鉴学派"代表性人物布罗代尔的"长时段"理论，戴蒙德将视线投向了 1.3 万年以来的历史进程，希冀在一种历史的延长线上思考，不同的区域空间如何产生了分化，并且持续影响到如今的贫富差异。但这只是此书的第一层次，实际上，在戴蒙德那里，他是要通过对历史进程的区域差异问题的考察来指向这一"元问题"，即本书副书名所示——"人类社会的命运"。

1997年，戴蒙德的《枪炮、病菌与钢铁》甫一出版，立刻好评如潮，赞誉纷至沓来，当然也不乏批评的声音。在20多年之后，重新阅读这本书，也许我们会更为冷静地重估这本书的价值，在批评者所说的地理环境决定论和赞誉者之间找到其合理的张力，追寻戴蒙德的写作思路与主旨。

首先我们需要对这本书有一个基本的定位和评价，如果概括戴蒙德这本书的主题，那就是在回答亚力之问，其核心为：自1492年哥伦布"发现"新大陆之后，拥有枪炮、病菌与钢铁的欧洲人，逐步灭绝了当地的原住民，以及他们所建立起的帝国。正是较早拥有了技术和军事优势的欧洲人，以牺牲其他群体为代价进行扩张，从此拉开了贫困与富饶的分界。在戴蒙德看来，15世纪并非就是贫富分殊的起点，而应该追溯至更远——早在1.3万年之前，人类的演化就没有按照同一种律动行进，因而产生了分化与差异。造成这些差异的原因自然就是其所生活的地理环境，可以说地理环境是造就地区与国家贫富分化的重要因素。由此，戴蒙德认为，"我会这样回答亚力：各大洲上的族群，有截然不同的大历史，原因不在人，而在环境"。

尽管戴蒙德数次提及此书是要回答亚力之问，也的确是在回答这一疑问中展开了自己的思考，但在我看来，这只是戴蒙德创作此书的一种"修辞战略"。可以说，借助这一问答性的"修辞战略"，他是要对自20世纪60年代以来在美国占据主导性地位的"产权制度学派"提出挑战。

大家知道，自20世纪60年代以来，以美国经济学家道格拉斯·诺思为代表的"产权制度学派",提出了制约甚至决定一个国家现代化进程变革与财富创造的重要要素是制度安排。以英国工业革命为例,人们常常认为推动工业革命的原因是有一系列的技术发明,针对这一观念,道格拉斯·诺思提出:那么新技术和新工艺的发展是由什么来决定的呢?由此,诺思触及了他要表达的核心,也是现代社会的关键性问题:人类在其整个过去都不断发展新技术,但速度很慢,而且时断时续,主要原因在于,发展新技术的刺激偶然才发生。一般而言,创新可以毫无代价地被别人模仿,模仿者无须付给发明者或创新者任何报酬。技术变革速度缓慢的主要原因就在于,直到晚近都未能就创新发展出一整套所有权制度。因此,诺思认为,只有在专利制度下,鼓励技术变革和将创新的私人收益率提高到接近于社会收益率的一整套激励机制才能形成。"简言之,工业革命的经济史学者着眼于技术变革是那个时期的主要动因。不过,一般而言,他们没有问是什么原因促成了这一时期技术变革速度加快。常见的似乎倒是,在论证技术进步的原因时,他们假定技术进步是无需代价或者是自发产生的。然而情况并非如此。总之,技术进步速度加快,不仅应归因于市场规模的扩大,而且应归因于发明者在其发明创新创造的收益中占有较大份额的能力的提高。"

戴蒙德很不赞成"产权制度学派"对历史的解释,他在书中直言不讳地说道,他不赞成制度决定贫富分化。戴蒙德指出,当经济学家谈论他们眼中的"良好制度"时,他们指的是那些激励个体以积累国民财富为目标而工作的经济、社会和政治制度,并坚决认为制度是造成国家贫富的主要原因。而实际上,我们需要考察制度建立的动因与支撑制度运转背后的要素,如戴蒙德所说,我们必须追问良好制度的起源,不能将它们看作从天而降、随机砸中某些国家的馅饼。要了解良好制度的起源,就得探究复杂制度背后各种人类社会中或好或坏的深层历史渊源,即过往出现的良好体制,往往源于其背后的一根长长的历史链条,从扎根于地理的终极原因一直连到体制的直接变量。现在如果我们想在缺乏良好体制的国家快速将其建立,就必须了解这根链条。由此,戴蒙德将问题推向良好制度植根的基础,以及找到如何建立良好制度的各种要素。如果没有这些要素作为支撑,不仅自己的原生的良好制度无法生成建立,而且即使后来简单地模仿照搬发达国家的制度,最终这一制度的嫁接也往往会因水土不服而崩溃,最后成为所谓的"溃败国家"。

这一思路不免让人联想到18世纪法国思想家孟德斯鸠的思想传统,正如孟德斯鸠在《论法的精神》一书中所说,法律的内在精神是由包括一个国家的地理环境在内的很多要素决定的。这一思想后来为19世纪法国思想家基佐和托克维尔所承继。例如,基佐就说过:"要理解一个社会的政治体制,首先要研究社会是明智的;政治体制在成为原因之前,它只是结果;政治体制在塑造社会之前,已经被社会所塑造。所以,代之以研究政治体制或政府形式,我们必须首先研究人民的状态,由此以便知晓,我们应该,以及将要有一个什么样的政府。"托克维尔在《美国的民主》一书中也说道:"宪法和政治法律就其本身来说没有任何意义。它们是一些死物,只有一个民族的民情和社会状况能赋予其生命。""民主存在于风俗、法律,以及多数人的观念中。"因此,需要对包括地理环境在内的民风民俗展开考察。

正是沿着这一思想传统,作为自然科学家,戴蒙德从 1.3 万年前开始的"人类史"出发来思考历史的演进考察,展现了自己宏大的历史视野,并以自然科学家一以贯之的研究方式将复杂的历史演进植入一个简洁明了的因果之链,用追溯的方式即从历史的起源上进行谱系式的考察。从方法论上来说,这一书写方式有其独特的价值,也是上面所述的西方思想传统的显现。但也应该看到,研究者在运用这一研究方法时,稍有不慎,或者没有对历史技艺纯熟掌握运用的话,将会有滑入"历史决定论"的危险,因为在倒叙的起源性追踪中,研究者常常会将历史建构为一种结构性的重负,即远古所形成的那种"结构装置"一直在禁锢着人们,始终成为包袱压着人们,使其没有选择的余地与可能性。在这里,人的主动性似乎不存在了,存在的只是连绵不绝的历史谱系,原先富裕的地方依然富裕,原先贫困的地方则永远贫困,这也难怪很多评论者对此书进行批评,认为其有地理环境决定论和历史宿命论之嫌,而戴蒙德也常常会因这一误解为自己辩护。

当然,自远古以来,人类所处地方的地理环境的差异不免会带来贫富分化,但如果在现代意义上来说,贫富差异的拉大始于 15 世纪末哥伦布的大航海,更为准确地说,是以 18 世纪开始的英国工业革命为发端。从全球视野来看,英国工业革命成为世界历史发展的一个分水岭,从根本上改变了英国以及"西方"在全球体系中的地位,形成了通常所说的"贫富分化"。以下这组数据就鲜明地体现了这一点。1750 年,英国占全球工业生产总值的 2%,1880 年达到了 20%。1750 年,英国、德国、法国和意大利占全球工业生产总值的 11%,1880

年几乎达到40%。从整体上看，今天的"发达国家"在1750年占全球工业生产总值的27%，1860年占比为63%，而1953年则高达94%。与此同时，其他地区则陷于衰败，呈现出地区与地区之间、国家与国家之间的不平等。例如，中国从1800年占世界工业生产总值的33%跌落到1900年的6%和1950年的2%，印度和巴基斯坦由1800年的20%跌落到1900年的2%。今天的发展中国家工业生产值占全球总值的比例由1860年的37%下降到1880年的21%，而到了20世纪上半叶则为7%。因此，正是从工业革命开始，全球加速性地出现贫富分化，导致了如美国历史学家斯塔夫里阿诺斯所说的"全球分裂"。

工业革命带来现代意义上的"全球分裂"，那么是否可以据此认定"西方"占据优势地位就是自1.3万年以来的历史演化所致，成为一种"历史的宿命"？其实，不能做出这样简单唯一性的理解，就整体性的"西方"而言，其能够获得这一主导性地位，成为"富国"，完全是在历史演进过程中人们不断进行选择的结果。正因如此，也许我们还可以从工业革命之后，沿着历史演进之正序列的演绎法来进行考察，从而为这一贫困与富饶的"全球分裂"提供另外一种视角。

如果从时间线上来说，我们可以看到这一图景。工业革命首先起源于18世纪50年代的英国，然后大约在19世纪50年代传入包括近邻法国在内的欧洲大陆国家，19世纪60—70年代则传至德国和美国等国家，19世纪70—80年代扩展至捷克等东欧国家，到19世纪80—90年代进入俄国，此后走向全球。因此，从这一扩展与接受中我们可以看到一幅清晰的路线图，其表明了一个浅显的道理，即一个国家是否能够走向工业革命，实现工业化，成为"富饶之国"，不在于其是不是首先发起工业革命,而是在工业革命发生后,那些暂时还处于"落后"和"贫穷"的国家都面临着这一历史性的选择:是融入先进文明发展的进程,接受工业革命的成果,还是自我封闭,拒绝改革?这是对统治者的严峻考验,也是被拉开差距与形成贫富分化的最为重要的原因。

由此,也就关涉历史演进的一个核心问题:在英国工业革命发生后,世界上的其他地区就不再独立进行第一次工业革命,而只能是在本土的条件下接受工业革命的恩惠,与这一历史进程接轨。所以,我们不必过多地纠结于一个国家受其地理环境等要素制约而未能成为第一个发生工业革命的国家,而是需要更多地去研究如何对待工业革命及其现代性的那些思想观念、态度和行为方式。如果在更广阔的空间中进行比较的话,我们可以看到:有些国家吸收了英国工业革命的先进成果,成功实现了本国的工业革命;有些国家选择改革,避免沦为依附国家;反倒是亚非拉诸国却依然昏沉,继续走着既定的老路,逐步远离了现代世界。为何它们没有跟上现代化的步伐,这才是值得人们思考的问题。正是由此,历史是"长时段"演进的产物,甚至受地理环境的制约,它会支配着人们的意识、观念与行为。但我们也不能忘记,历史也具有人的主体性、主动性和选择性,如何选择并在这一选择中创造历史,突破既定的种种限制,则为我们思考不同国家和地区分化为贫困与富饶提供了重要视角。

正如戴蒙德在此书中所说,考察历史是为了走向未来。的确,对历史的重思就是为了打破贫富分化是种既定宿命这一思维,从而选择和决定自己的历史命运。其实,在我看来,人类社会的命运并非仅仅源自 1.3 万年以来的人们所居住的地理环境的差异,而是在这一历史演进的过程中,特别是在英国工业革命之后,看谁能够抓住那些转瞬即逝的历史机遇,创造性地越过既有的种种羁绊,主动融入现代文明的潮流之中,从而脱离贫困,迎来富饶,实现不单是国家的富强,更是每个人的幸福。因此,阅读此书,重要的不是获取戴蒙德在书中所提供的丰富的知识与那种对待历史研究科学化的研究方式,而是要思考全球不同区域和国家的人们今后将会以何种方式走向未来。正是在这一意义上,我非常赞同戴蒙德所说:"人类社会的历史可以当作科学来研究,就像研究恐龙一样,我们的收获对当今的社会有益,因为我们会明白什么塑造了现代世界,什么又可能塑造我们的未来。"

不谋全局者，不足谋一域；
不谋万世者，不足谋一时

尹烨
华大集团 CEO

大学时，第一次接触到《枪炮、病菌与钢铁》，手不释卷连夜看完，被作者贾雷德·戴蒙德缜密的知识结构和宏大的历史观深深震惊。在那之后，我对整个生命圈的认识都有了全新的视角。

能够把生命科学和人类历史结合得如此之好的作品着实不多，很明显这本书算得上开山之作。后续类似的作品或多或少都因受到这本书的影响而保有痕迹，包括表述技巧更加引人入胜的《人类简史》。

一本好书，书名必须抓人眼球。英文书名 *Guns, Germs, and Steel*，中文直译就很惊艳。这几个看起来毫不相关的元素，其实点出了人类侵略暴力的三种力量：冷兵器、热兵器、活兵器。在新冠病毒依然肆虐的当下，大家对于"活兵器"的关注和认知又进一步加深。第三次"世界大战"已经打响，几乎所有国家都参与其中，只是对战的双方不再都是人类，而是人类和病毒。当人类自大到自以为是地球之王的时候，自然有其办法来反制，从盖亚假说的角度思考，其深层原因或许是单一物种和自然以及生态的边界之争。

一本好书，应该以一个好的问题开始，而这本书的好问题实在太多了。比如，为什么某些重要物种只出现在特定地区？为什么不是印加帝国消灭西班牙？为什么不是黑人蓄养白奴？这些究竟是偶然还是必然？作者给出了一个扎心而不争的答案：因为各大洲的"自然资源"分配不均，各地社会的发展在起跑点上就有了落差；而到近代，列强的实力对比则开始由枪炮、病菌和钢铁来主导。按照作者的逻辑，我们不免要思考，人类发展的下一个阶段，是否将会由"智能"来主导呢？碳硅结合的"超人"物种是否会在虚拟和实体世界中重新调整当下的秩序呢？

这本书其实不是特别好读，对第一次阅读的读者来讲框架过于宏大，而逻辑又非常严谨。如果你查一下作者背景就能够明白为什么会如此：戴蒙德是美国双院院士，博学多才，他以生理学开始其研究生涯，进而研究生命演化和生物地理学，也是当代为数不多的探究人类社会与文明的思想家之一。所以，当你觉得不好读的时候，我劝你读完，然后再读一遍。我确信，你会有蜕变。

是为荐。

"地理决定论"的胜利?

熊易寒
复旦大学国际关系与公共事务学院教授

年鉴学派的代表人物布罗代尔提出了多维历史时段理论。长时段即地理时间,这是一种缓慢流逝的时间,用来考察人类历史变迁的长期趋势与其紧密关联的是结构,包括地理结构、生态结构、文化结构等。中时段即社会时间,指的是人口增减、工资变化、利率波动、价格涨跌、制度变迁等周期性现象。短时段即事件时间,指的是各种突发性事件。布罗代尔认为短时段是最任性和最具欺骗性的时间,而长时段特别是地理因素对历史的影响最为深远。布罗代尔不像传统史学家那样最关注热闹的人物与事件,而是特别看重地理环境对人文和制度的影响。

如果说布罗代尔的"地理决定论"是一种史观,那么戴蒙德则为布罗代尔的学说提供了系统翔实的论证。《枪炮、病菌与钢铁》就是一部"地理决定论"的作品。作者的问题意识源于新几内亚的亚力之问:"为什么是白人制造出这么多的货物,再运来这里?为什么我们黑人没搞出什么名堂?"亚力之问可以转化为一个理论问题:为什么不同大陆上的人类文明进程存在如此大的差异?

戴蒙德提出了一个以地理环境为起点的解释:人类走出非洲,先是进入欧亚大陆,此时尚未发展出高超的狩猎技术,这使得大型哺乳动物可以与人类长期共存,共同进化;当人类进入美洲的时候,掌握先进狩猎技术的人类很快消灭了大型哺乳动物,导致美洲大陆上缺乏早期农业发展所需的牲畜。欧亚大陆的人们在与大型哺乳动物共存的过程中,逐渐驯化动物,并开始种植粮食,从而进入农业社会。美洲大陆的人们则继续从事狩猎-采集活动。欧亚大陆是东西向大陆轴线,东西部的日照一致,气候带差异小,动植物的物种很容易跨域传播;非洲和南北美洲则是南北向大陆轴线,跨越多个气候带,给物种的传播带来了天然障碍。总而言之,与欧亚大陆相比,美洲和非洲等地适于被人类驯化的物种较少,导致这些地区被驯化的动植物不能为当地人提供一个有竞争力的食物组合,种植粮食的性价比不如狩猎-采集。于是,欧亚大陆在农业发展上具有独特的优势。

与狩猎-采集经济相比,农业社会的劳动生产率高,人口密度大,从而催生了劳动分工和贸易,形成了等级制和国家。而在新几内亚,物产丰富,人们可以靠天吃饭,不需要繁重的农业劳动,人口分布也很分散,有部落而无国家。

由于欧亚大陆人口众多且密集,人畜共居,病菌更容易传播和变异。让人类闻之色变的传染病往往是人畜共患的细菌或病毒所致,譬如鼠疫、天花、流感。古罗马的天花、14世纪的黑死病都曾经让欧洲的人口剧减，剩下的人口都具有一定的免疫力，可以与病菌和平相处。但是，在欧洲殖民者进入北美洲之后，他们身上所携带的病菌给当地人造成毁灭性的打击，95%的印第安人都死于这些欧亚大陆的传染病。

欧洲的分裂状态导致战事频仍，正如查尔斯·蒂利所说的"战争催生了国家，国家又发动战争"，战争推动了官僚制和国家机器的发育，也带来了科技的发展，枪炮和钢铁由此诞生。而美洲的印加帝国连轮子也没有广泛应用，因为没有大型牲畜可用于拉车，也就没有对车轮的需求。

不难发现，戴蒙德的解释框架让布罗代尔的长时段理论更具微观层面的证据，从而更有说服力。

经济学家阿西莫格鲁、约翰逊和政治学家罗宾逊的经典论文《比较发展的殖民地起源》则在戴蒙德的基础上更进一步，对地理影响经济发展的因果机制进行了更加精致的刻画。三位作者认为一个国家的政治制度对长期经济增长具有决定性作用。为什么同样是西方殖民地，自然禀赋也相差无几，最后的经济增长绩效却相去甚远？他们区分了殖民地的两种制度安排。一种是攫取性的政治制度。在这种制度下，殖民者不会去保护居民的财产权，而是大肆掠夺当地人的财富，譬如西班牙、葡萄牙殖民者将南美洲的财富源源不断地输送回母国。另一种是包容性的政治制度。殖民者会建立一个类似于欧洲的制度，保护财产权，鼓励贸易。显而易见，包容性的政治制度更有利于经济增长。

但问题是，为什么有的地方会建立"好制度"，而另一些地方会选择"坏制度"？这就需要回到制度建立的初始条件。

在没有疫苗和抗生素的时代，跨洋旅行是一件非常危险的事情，很多殖民者因此丧生。殖民者的死亡率会深刻影响殖民者的制度选择。如果一个地区不适合殖民者生存，那么殖民者更可能建立一个掠夺性的政治制度，否则会建立包容性的政治制度。具体的机制是：潜在殖民者死亡率→是否选择定居→早期制度→当下制度→当前的经济增长。不同地区的地理环境对欧洲殖民者死亡率的影响是不一样的。受疟疾和黄热病影响，殖民者在南美和西非的死亡率很高，以致无法在当地定居，南美殖民者早期仅仅在沿海地区建立军事据点。而在北美，欧洲人携带的病菌让印第安人大量死亡，相反当地却没有让欧洲人望而却步的病毒，因此欧洲人在北美大量定居，复制本国体制，建立产权保护制度。由于制度一旦建立就会形成很强的路径依赖，早期的制度安排往往具有顽强的生命力，持续地影响这片土地上的社会福祉。

从一定程度上讲，戴蒙德的《枪炮、病菌与钢铁》在布罗代尔与阿西莫格鲁之间架起了一座桥梁。布罗代尔的"长时段"理论将地理时间作为人类历史发展的深层动力，是极具启发性的，但他的叙事过于庞杂，缺乏清晰的逻辑和线索；戴蒙德则用娓娓道来的文字和清晰雄辩的逻辑论证了地理环境对人类社会的重要影响；阿西莫格鲁等人的实证研究，则是对《枪炮、病菌与钢铁》的理论命题进行了社会科学的检验。用布罗代尔的话来说，政治制度只是"中时段"变量，地理环境才是"长时段"变量。三部经典作品放在一起，仿佛宣示了"地理决定论"的胜利，虽然戴蒙德认为自己并不完全是"地理决定论"的拥护者。

世界的方向

严飞

清华大学社会学系副教授

1532年11月16日,在秘鲁高原上的卡哈马卡,来自西班牙的征服者仅仅率领168名西班牙士兵,就俘虏了拥有8万士兵的印加帝国最后一位皇帝。为什么在如此悬殊的人数对比下,印加帝国仍然输掉了战争?

这一历史现象在贾雷德·戴蒙德看来,关涉一个有关人类社会发展的核心问题:在现代世界,是什么导致了不同民族间的发展差异?为什么权力和财富的分配呈现出当今的格局?"为什么发明枪炮、挥舞利剑、策马奔驰的不是印加人?为什么不是印加人把难以抵抗的恶疾带到欧洲?何以印加人不能打造出坚船利炮,拥有先进的政体和长达数千年的书写历史?"

为了解答这些困惑,戴蒙德完成了《枪炮、病菌与钢铁》这一巨著。该书1997年甫一出版,便迅速蜚声海内外,并于次年获得了美国普利策奖和英国科普图书奖，成为经久不衰的长销书。

为什么这部本关于人类社会发展史的著作，在出版25年之后，依旧值得我们反复阅读和思考？

一

在解释世界各民族发展差异现象时，已有的研究会更加关注种族智力、灌溉系统等因素。戴蒙德认为，种族主义和基因决定论缺乏必要的史实支持——"各族群间的确存在技术发展程度的差异，但是并没有可靠的证据可以证明各族群间有智力的差异"。相反，在西班牙征服印加帝国的案例里，西班牙征服者的胜利来自四大优势。第一是军事技术优势，即"枪炮"。西班牙人拥有钢刀大炮、护甲和马匹，比之印加帝国以石头、青铜棍和木棒为武器的军队，拥有巨大的优势。第二是病菌，入侵民族带来了杀伤力更强的病菌，他们自身却具有更强的免疫力，疾病的传播又导致了被入侵部落内部的分裂。早在1492年以前，95%的美洲土著是被欧洲人带来的病菌杀死的。在美洲以外，类似的例子还有很多，譬如1713年欧洲移民把天花带到了南非，1788年英国人把传染病带到了澳大利亚，杀死了大批土著。第三是中央政治组织，行政组织的统一使得航海这种需要资金、技术、人员、装备的活动成为可能，发达的航海技术又使欧洲民族掌握了侵略的主动权。第四，文字也是造成民族差异的重要因素。西班牙人因为拥有文字，航海的书面记录激发起后来的探险者的兴趣，也为他们提供了经验指导；印加帝国缺乏文字，也就缺少关于欧洲殖民者的情报，在信息传播的能力上也落后很多。

技术、病菌、组织、文字这四个直接因素虽然带来了社会发展的优势，帮助西班牙征服者获得了一场史诗级的胜利，但是在戴蒙德看来，这四个因素并非终极因，继续向上追溯可以发现，"食物生产及社会间的竞争与兼并，都是终极因，征服的各种近因（病菌、文字、技术、集权政治组织）都是从终极因发展出来的，其间的因果链在细节上各不相同，但是全部涉及密集的人口与定居的生活形态。由于那些终极因在各大洲上有不同的发展模式，故而各大洲上的征服近因也有不同的发展"。

为什么食物生产是其中的终极因？戴蒙德指出，地球上所有的人类在大部分时间里靠狩猎-采集来获得食物，只是在过去的11 000年里，人类才开始转向食物生产。有的族群从来没学会过食物生产；在懂得食物生产的族群里，有的是自己独立发展出的食物生产（如中国人），而另外一些族群则是靠其他地方传播而来（如古埃及人）。因此，在不同大陆的民族能否或者什么时候变成农民和牧民方面的地理差异，在很大程度上决定了他们以后的命运。

在此，戴蒙德提出了自己的核心论点："各族群的历史循着不同的轨迹开展，那是环境而非生物差异造成的。"换言之，各大陆地理环境的差异最终导致了现代世界各个民族间巨大的发展差异——地理环境的差异导致了食物生产的地理差异，包括食物生产起源的地理差异，以及食物生产传播速度和质量的差异；食物生产这一终极因进一步导致了技术、病菌、文字、政治的差异，从而构成一条完整的因果链，决定了世界各民族不同的发展路径。

二

首先，地理环境对人类历史的影响体现在资源禀赋上。以欧亚大陆与美洲大陆的对比为例，欧亚大陆为东西主轴，东西宽度始终如一；美洲大陆是南北主轴，在中美洲陡然收紧。太阳辐射是地球气候形成的主要原因，不同纬度间气候和自然环境的差异比不同经度间的差异更为显著。同时，美洲大陆适宜生产生活的地区分布不均，会被一些既不适于食物生产也不适于发展密集人口的地区分割开来，处于相对孤立的状态。地质、海洋资源、地形破碎和隔离程度等条件的差异，造成了两个大陆社会发展的差异。

在植物方面，人类族群从狩猎-采集向食物生产的过渡需要历经漫长的岁月。食物生产制度的渐次形成乃是许多关于劳力和时间分配的不同决定叠加的结果，伴随着气候的变化，获得野生动物的可能性减少，驯化野生植物的可能性不断增加，如果再加上采收、加工、贮藏技术的发展与人口密度的增加，发展食物生产是人类社会生存的必然选择。在此背景之下，人们开始驯化植物："栽种植物，（有意或无心）使它们发生遗传变化，变得对人类食用者更有用。"

相较而言，欧亚大陆更易发展出农业食物生产，而美洲大陆面积较小，可驯化的植物资源在所有植物种类中本就属绝对少数，再加上由于缺乏畜牧业带来的动物粪便肥力和播种脱粒动力，而只能人工点种、撒播，使植物驯化、种植相对困难。同时，不同地理和生物环境使得不同民族得到的野生动植物组合也不尽相同。动植物组合的某些特点，如更高的生物多样性、更多的一年生植物等，可以有助于它们在自然环境中更稳定地生产粮食；如果某些民族获得了这些组合，他们就会不自觉地开始驯化植物并发展食物生产，又反过来使植物向更易驯化的方向进化，最终获得较高的食物生产发展水平。

随着人们从迁徙到定居，从采用原始技术到掌握更精致的技巧，能够驯化的植物种类也不断增加。戴蒙德通过实证研究，对比论证了驯化动植物的能力与人种无关。植物的驯化能力取决于整个植物群驯化的可能性，只有这种模式能够产生相对于纯粹采集的额外收益，弥补转变生产方式的机会成本。

在动物方面，动物的驯化机会也不以人的意志为转移，而是依赖动物自身的属性："能驯化的动物都是相似的，驯化不成的动物各有各的原因。"戴蒙德发现，欧亚大陆的环境提供了更多可供驯化的食草性哺乳动物，而这类动物既可以用于食物生产，又可以作为食物来源，更可以作为粮食的运输工具。一种动植物在某一地区接受驯化之后，就会迅速在气候和环境相似的地区传播开来，当地的居民则不必重新驯化类似的野生品种，从而能够更快地发展食物生产。因此，相比纬度差异较大的美洲和非洲，欧亚大陆的食物能够迅速在同纬度地区传播，这些地区的气候更加相似，因此欧亚大陆的民族可以更快地发展食物生产。

食物生产占优势的民族，显然会带来更快的人口增长和更高的人口密度。人口的增加会带来三方面的主要影响。第一，更多的人口意味着更多的潜在发明者、可采用的发明创造、互相竞争的社会，以及更大的使用和保有发明的压力，这些都为包括金属冶炼、军事、动力机械、航海造船等方面的技术发展提供了巨大的动力。第二，更多的人口加上相对稳定且有所富余的粮食储备，能够养活一批不事生产的人员，负责管理、技术研究类工作，职业军人以及具有统治权威的官员和君主也因此出现了；人口增长带来了更大的竞争，竞争之下失败者或者被杀死，或者成为奴隶，从而促使等级更加森严的社会制度成形。这种规模较大、人口稠密、等级森严的社会政治组织有着调动大量人力、物力进行长期战争的能力，对维持常备军、派遣探险舰队、组织征服战争至关重要，美洲大部分地区则不具备这样的条件。第三，家畜饲养带来了新的病原体，形成了大大小小的传染源，密集的人口又为疾病传播创造了机会。欧亚大陆族群在这一过程中因祸得福，获得了对多种传染性疾病的抵抗力。

　　戴蒙德指出，这三点在欧洲对美洲的入侵中均发挥了很大的作用。金属冶炼、军事、机械技术的发展使得欧洲的军事装备和力量远远超过美洲，武器在欧洲人初达美洲时形成了震慑；航海技术使欧洲人可以到达美洲，而美洲人则尚未具备这种能力。更严密的政治组织和专职军队使欧洲获得入侵、征服的力量，并得到全国性的统一支持；美洲的政治组织形式相对松散、力量薄弱、不成熟，缺乏组织反抗的能力，当领导者缺位时变得异常脆弱。此外，文字最初主要服务于专门的政治人才，这一需求促使欧亚大陆部分地区形成文字，发挥记录、传播的功能，帮助欧洲人获得更多对人类社会的历史性认识，以及对不同地区状况的了解，军情的探查和汇报也为入侵和征服增加了很大胜算。传染病的洗礼则使欧洲人具备了对这些疾病较强的抵抗力，进入美洲后，他们携带的病菌在缺乏抗原的美洲原住民中肆虐，尤其是天花病毒，在西班牙人 1520 年入侵时杀死了阿兹特克近一半人口，并直接杀死了称帝没多久的蒙提祖马二世。

其次,地理环境的差异也极大地影响了人类社会文化的传播。例如,以南北为轴线的美洲和非洲大陆比起以东西为轴线的欧亚大陆,人类社会之间、动植物物种之间的交流所受到的环境阻力都大很多。在欧亚大陆上可直接挪用的技术和物种资源,在美洲和非洲大陆上则可能受到气候的限制,需要因地制宜重新改进或无法挪用。此外,在美洲大陆上大多数掌握文字的社会并非自己独立创造了文字,而是依靠"蓝图复制"、向邻近社会借用等方式获得,但是与文字中心的距离和地理阻碍又使得美洲社会拥有文字的难度增大。另外,由于地区间的社会相对独立,竞争压力较小,外来威胁少,现有技术即可维持生存需要,对技术的需求也因此相对较小,研发动力不足。技术、作物、文字都是造成欧亚大陆与美洲大陆社会之间差异的重要因素。

此外,戴蒙德对为什么是欧洲而非更早开始食物生产、早期优势更显著的肥沃新月地带或中国实现征服进行了简要解释。戴蒙德认为,肥沃新月地带所在的地中海地区自然环境较为脆弱,在修建汉志铁路时,树木遭到大量砍伐从而导致脆弱的绿洲变成不可修复的沙漠,失去了原有优势。中国的海岸线相比欧洲较平直,除西南部青藏高原外少有难以逾越的高山,因此形成了更稳定的大一统政权。然而,中国在经济生产、航海技术上本处于优势地位,但远航活动不断受到内部政治权力斗争的拦阻,过于强大的中央集权体制使得中国的航海活动过于轻易地彻底被中断。同时,中国与欧亚大陆上其他文明国家之间距离较远,相对孤立,也在一定程度上阻碍了其发展。

总而言之,在戴蒙德看来,不同的地理环境影响了不同民族的食物生产，而食物生产能力的提高与人口密度的增长相互促进，生产劳作日渐复杂，集约化的食物生产有力促进了社会的复杂化。因此，在食物生产方面占优势的民族，就会在病菌、文化、政治组织和技术等方面占优势，进而能轻易地战胜在食物生产上居于劣势的民族。由此，民族间产生出不同的发展情况和文明道路。

三

在书中，戴蒙德把人类社会的发展分为四个阶段：族群、部落、酋邦、国家。族群和部落体现出"平等主义"的社会，没有正式的社会等级，权力运行也是非正式的。随着人口增长，社会经济生产和人际关系复杂化，拥有对武力独占权的酋长出现了，社会生活的方方面面由此得以管理："人类开始学习面对陌生人的第一课：如何面对经常遇见的陌生人，不互相残杀？"此时，世袭酋长和平民阶级也开始得到区分。酋长作为公权力的雏形，同时扮演着保护者与掠夺者的角色。酋邦进一步扩大，国家形成，以地域而非族群界限划分管辖领地，行政管理层更加分化，制度也走向正规化。

在历史的发展过程中，一个社会想要实现从原始酋长部落到国家的质的跨越，意味着必须达到一定的复杂程度。其中，人口是预测社会复杂程度的最有力根据。

前文已讨论过人口增长如何与食物生产紧密联系在一起。组织食物生产使经济专门化和社会层次化成为可能，而食物生产与储存又要求一种定居生活，定居无疑为各种复杂的社会制度的固定化创造了条件。结果,为了更加有效地解决冲突、政治决策、经济发展和空间扩张,就要求复杂的社会实行中央集权体制,这样才能维持国家的存在。统一的政府由此建立,为了强化政府的合法性,有组织的宗教也建立起来,并带来了一系列更深远的影响——种族对病菌的免疫力增强,政治组织越发复杂,文字体系形成,技术也不断发展。在这一发展进程中占尽天时地利的民族能够抢占先机,取得世界形势中的优势地位,并可能实现对其他民族的征服。

按照戴蒙德的观点,"枪炮、病菌与钢铁"的范式框架阐明了各民族文明发展差异的关键,但这种解释的逻辑链还缺失了关键的一环——仅看到作为解释支点的几个因素,却没有指出这些关键因素以何种机制在各大陆之间配置,从而一步步导向了民族之间相异的权力格局。

对于这种寻找普遍模式的努力,戴蒙德做出了一些辩解。历史系统有其终极的确定性,即历史发展有基本的规律可循;历史系统也有其复杂性和不确定性,亦即这一规律适用的条件是不可预测的。借此,戴蒙德否认自己的理论为"地理决定论",声称为历史中的行动者们主观能动性的发挥留下了空间。不过,依旧不可否认的是,戴蒙德在这本书中强调了地理环境对于不同文明发展轨迹的决定性作用,这一逻辑思路对我们透析历史给予了巨大的启示。

在他之后出版的《崩溃》(2005年)、《昨日之前的世界》(2012年)、《剧变》(2019年)等著作中,戴蒙德依旧从宏观历史比较视角出发,探讨不同国家迥异的发展轨迹和共性的周期性危机。其中一条一脉相承的主线,就是戴蒙德在《枪炮、病菌与钢铁》里提出的对于人类历史发展互动的假设。

　　人类各族群通过征服、流行病与灭族行动而互动的历史，就是塑造现代世界的力量。族群冲突在历史上的回响，经过许多世纪，至今未尝稍歇，仍在今日世界上某些最动荡不安的区域发酵。

扫码领取本书解读课